LE
THÉATRE DE MARIVAUX

PAR

EMMANUEL DES ESSARTS

Professeur de rhétorique au lycée de Moulins

CONFÉRENCE PUBLIQUE FAITE A MOULINS

PARIS

TYPOGRAPHIE DE AD. LAINÉ ET J. HAVARD

RUE DES SAINTS-PÈRES, 19

1866

LE
THÉATRE DE MARIVAUX.

Vers la fin du dix-septième siècle, en face du Théâtre-Français, déjà consacré par la gloire et le génie, s'élevait une scène rivale, humble et charmante, semblable à une sœur cadette qui saurait être jolie auprès de sa sœur aînée d'une beauté plus imposante. Je veux parler de cette Comédie-Italienne qui, quoique à des titres moindres, a bien mérité de l'art, à côté de la compagnie instituée par Molière.

Ses origines étaient modestes. Une troupe d'aimables acteurs, riches de verve et de jeunesse, avaient passé les Alpes sur le chariot de Thespis, nous apportant avec eux les personnages traditionnels que l'Atellane avait légués à l'improvisation bolonaise, les masques et les bouffons de Bergame, l'essor malicieux des lazzi et toutes les licences d'une imagination en fête, ivre de chansons et de soleil. Paris, qui n'a jamais renoncé à l'héritage d'Athènes, reconnut et salua ces petits-fils d'Aristophane, et leur offrit largement la fleur de son public, l'élite de ses poëtes. Pour ces comédiens, excellents du reste, pour Dominique, pour Biancolelli, pour Silvia, pour Lelio, Regnard, Piron, Lesage lui-même, brodèrent sur de minces canevas de petites merveilles de gaieté gracieuse. Or le dix-septième siècle, qui semblait alors mis au régime et comme en pénitence sous la tutelle de Mme de Maintenon, le dix-septième siècle se dérida et rit de bon cœur. Mais il ne fut pas dit que sous Louis XIV on pût rire avec cette impunité. Les joyeux éclats de la Comédie-Italienne vinrent troubler, dans sa sévérité pompeuse, cette cour où l'on s'ennuyait par étiquette. Bien mal en prit aux chétifs comédiens qui se permettaient de faire fleurir un art où avait excellé Scarron. Un beau jour, eux aussi eurent à subir leur révocation de l'édit de Nantes et furent expulsés de France comme de simples huguenots. Trivelin n'avait pas pourtant collaboré au Dictionnaire de Bayle, et Arlequin n'était guère suspect de jansénisme. N'importe. Tout fut dit pour nos pauvrets, jusqu'à l'heure où, par la mort de Louis XIV et l'avénement du Régent, la France enfin respira. Les portes se rouvrirent à l'esprit exilé. Les Italiens revinrent comme ces hirondelles que n'a pas changées leur voyage d'outremer. Le public courut de nouveau vers ses acteurs favoris. Seulement, au bout de quelques années, les poëtes manquèrent. Lelio fit un appel aux jeunes gens qui témoignaient des dispositions pour le théâtre : plusieurs se présentèrent et furent retenus par l'impresario, et au premier rang celui qui nous occupera spécialement, Carlet de Marivaux, Marivaux débutant sur cette scène comme le Prince Charmant des contes de fées.

Si j'ai quelque peu insisté sur cet épisode de notre histoire théâtrale, c'est que la vie, que l'œuvre de notre héros s'y lie intimement. Marivaux, Comédie-Italienne, ces deux noms sont inséparables. C'est à la Comédie-Italienne qu'il doit ses premiers succès. Il lui a donné ses pièces les plus achevées. Il lui est surtout redevable de cette pleine liberté de composition qui lui a permis de créer son œuvre sans trop se soucier des règles et des traditions, d'Aristote et de l'Académie, sans avoir des fers à ses pieds, des entraves à ses ailes. Installé dès l'abord au Théâtre-Français, il eût été amené à suivre la trace de Regnard ou les données sentimentales de Destouches. Sur la scène italienne, indépendant et pour le choix et pour la mise en œuvre de ses sujets, il put inventer un genre inconnu, et quand, quelques années après, il se présenta au théâtre de Molière, ce ne fut pas suivi par la Routine, mais accompagné par la jeune, par l'agile, par l'étincelante Fantaisie !

A cette facile hospitalité de Lelio, Marivaux devait donc toute l'expansion de son originalité.

Mais cette originalité, en quoi consistait-elle ? En quoi notre poëte diffère-t-il de l'auteur de la *Métromanie* et de l'auteur du *Glorieux*? Comment se distingue-t-il de Regnard et du grand maître Molière ? S'il ne peint pas les travers de l'esprit ou les vices du cœur, s'il ne multiplie pas comme en se jouant les saillies d'une gaieté en belle humeur ou les profondes méditations d'une clairvoyance universelle, c'est qu'il a sa tâche spéciale, son domaine à lui dans le grand domaine de l'observation. Ce qu'il introduit dans notre théâtre classique, c'est en quelque sorte, comme à Athènes, une comédie nouvelle, composée d'éléments antérieurs, assez compliquée d'incidents pour ne pas trop s'éloigner de la comédie d'intrigue, tenant à la comédie de mœurs par une peinture fidèle de la société contemporaine et se rattachant à la comédie de caractère par l'invention et les développements de types vivants et durables. Cette nouveauté que Marivaux consacre, c'est l'étude, avant lui secondaire, chez lui dominante et complète, l'étude du cœur féminin. Cette étude, il l'a entreprise avec une intelligence de la femme qu'aucun autre poëte n'a surpassée, avec un art inimitable, et, ce qui vaut mieux, avec une incomparable vérité.

On s'est autorisé contre lui du petit nombre de ses ouvrages parfaits; je le reconnais, Marivaux a beaucoup produit. Mais la production à cette époque n'offrait pas, comme aujourd'hui, un caractère de hâte fiévreuse. Non, chez Marivaux comme chez nos plus purs génies, la fécondité est un signe de joie intérieure, de belle et bonne santé de l'esprit. J'admets que dans ses pièces on opère des retranchements rigoureux. Supprimons toutes ses œuvres mal venues, d'abord une comédie en vers, et quels vers! ensuite une tragédie, — vous figurez-vous Marivaux poëte tragique? — une tragédie d'*Annibal*. Marivaux célébrant Annibal! cet esprit glorifiant ce génie! La disproportion était trop manifeste. Marivaux n'eût pu tout au plus chanter qu'Annibal à Capoue. Si Montesquieu a reproché à Tite-Live d'avoir trop semé de fleurs sur ce « colosse de l'antiquité, » qu'eût fait le futur interprète des grâces frêles et naïves? Où Tite-Live jette des fleurs, il ne pouvait jeter que des fleurettes.

Avec ces ébauches on aurait trop beau jeu. Sacrifions une dizaine de pièces, ou médiocres ou mélangées, quelques autres incomplètes, mais par moments remarquables, ne nous y trompons pas. Encore, dans ces compositions imparfaites, trouverait-on toujours pour point de départ une idée, et souvent très-neuve et très-hardie. Rien de commun, rien de banal.

J'ai fait la part du feu. Restent une dizaine de pièces au moins que je crois, à des titres divers, dignes du Théâtre-Français ou de nos meilleures scènes de genre, dix pièces qui valent également par l'imprévu du sujet ou le charme infini des détails.

Plus grave et plus difficile à vaincre est le préjugé qui s'attache au style de Marivaux. Une expression consacre ce préjugé, le *marivaudage*. Il est des mots d'une création regrettable et dont je plains les auteurs. Ils donnent au premier venu un esprit tout fait pour calomnier avec aplomb le talent qui ne trouve que peu d'appui dans la malignité humaine. L'ignorance forcée où nous sommes presque tous, l'impossibilité de contrôler toutes les plaisanteries proverbiales par des enquêtes personnelles, nous fait accepter ces vilains et injustes mots qui courent sur la place, *marivaudage*, *mignardise*. Et c'est ainsi que l'on a fait passer pour un peintre de chairs bouffies aux tons douteux celui qu'admirait Molière, le Vénitien d'Avignon, Mignard, à la touche si libre, au coloris si opulent et si chaud. Et c'est ainsi que l'on nous donne pour un écrivain affecté, pour un petit-neveu de l'hôtel de Rambouillet, celui de nos auteurs comiques qui peut-être a trouvé le langage le plus candide, les mots les plus spontanés, le jaillissement même des sources du cœur. Il en résulte une surprise pour tous ceux qui, aux Français, vont écouter les quatre pièces préservées par le répertoire. On entend Dorante, Angélique, Mario parler ce langage entraînant, et l'on se dit : « Quoi ! c'est là ce Marivaux que je croyais si recherché, si alambiqué. » Oui ! c'est Marivaux, c'est le véritable Marivaux. Le *marivaudage* existe cependant, mais dans les parties comiques de son œuvre, dans la bouche de ses personnages plaisants, fats, coquettes, valets, suivantes, jamais sur les lèvres d'un de ses héros, d'une de ses héroïnes, de ceux qui représentent sa pensée et en qui s'incarne son âme ingénieuse et tendre.

J'accorde cependant que cette langue si vive est quelquefois mêlée de subtilité. Il n'en pouvait être autrement. Cette subtilité résulte des qualités mêmes de Marivaux. Elle provient de la sagacité pénétrante avec laquelle il interroge le cœur humain ; plus l'analyse est profonde, plus le style cherche à gagner en profondeur. Aux secrets nouveaux que révèle l'âme explorée correspondent de nouvelles façons d'exprimer et de rendre, en un mot des nuances. Vous ne pouvez espérer de simplicité absolue dans l'expression, que là où l'analyse est faite en pleine lumière devant des modèles faciles à saisir. Le cœur d'Achille, nourri de sentiments simples, se livre beaucoup plus vite à l'observateur que l'âme compliquée d'un moderne. Et d'un siècle à l'autre cette complication va s'augmentant. La pleine possession des vérités générales, l'accroissement des lumières qui s'éparpillent dans toutes les classes, la concentration nécessaire des passions et des sentiments dans une société où les originalités extérieures sont de moins en moins permises, le va et vient de tant d'idées en lutte, font des âmes contemporaines des sujets d'investigation beaucoup plus difficiles à scruter et à manier que les caractères des anciens ou des hommes du dix-septième siècle. Il en était déjà ainsi au dix-huitième siècle par rapport à l'âge précédent. Les passions, les sentiments, la pensée même, avaient acquis plus de finesse et plus d'étendue. L'observation devait par suite affiner son instrument, le style, pour en faire véritablement un instrument de précision. La simplicité y perdait, le goût y a perdu, mais comme la science du cœur y a gagné !

Selon l'expression d'un des maîtres de l'analyse moderne, M. Sainte-Beuve, quelle « histoire naturelle de l'âme » ont successivement préparée Marivaux, Duclos, Vauvenargues, Champfort, Joubert, et de nos jours Balzac et Stendhal ! En résumé, demander à Marivaux qui va poursuivre l'âme jusque dans ses derniers refuges, lui demander à tout moment une simplicité dont il ne s'écarte que pour exprimer à fond sa pensée, c'est vouloir imposer la langue des mathématiques à l'analyse de ce rien délicat et immense qui ne se résout pas par l'algèbre, le cœur humain !

On a reproché à Marivaux, avec plus de justesse apparente, de ne traiter sous des formes diverses qu'un sujet unique, de varier avec plus ou moins de bonheur le thème monotone de l'amour. On oublie de nombreux ouvrages destinés à des peintures de mœurs, tels que *le Petit Maître corrigé, l'Héritier de village*, etc. Cependant je reconnais que Marivaux a surtout étudié l'amour. Il nous reste à savoir si ce sentiment, sans cesse mêlé aux actions des hommes, mobile alternatif du bien et du mal, n'exerce pas une influence assez multiple pour qu'un écrivain se consacre à en décrire les signes et les progrès. Eh quoi ! l'amour dénoncerait à tout moment son impérieuse présence, ici par un ascendant regrettable, là par de nobles inspirations, et l'on taxerait de monotonie le poëte qui, adoptant la plus changeante des réalités, entreprendrait de raconter aux hommes l'histoire mobile de leur cœur ! Aucun sentiment n'offre, au contraire, plus d'incessante nouveauté, plus d'éternel imprévu. S'est-on plaint que Racine eût voué successivement Bérénice, Bajazet, Mithridate à dérouler les grandeurs et les ravages de la passion ? A-t-on trouvé qu'un tel objet fût indigne d'un pareil psychologue et que l'observation pénétrante du maître en fût condamnée à la monotonie ? Pourquoi ne pas admettre dans la comédie ce que l'on accorde à la tragédie ? Pourquoi le sentiment qui s'est glorifié des préférences de Racine n'eût-il pas rencontré dans un autre genre un interprète moins grand, mais aussi consciencieux et aussi fidèle ? Cet interprète a été Marivaux, qu'un ensemble de qualités amoindries, mais analogues, me permet d'appeler le Racine de la comédie.

Les héroïnes de Marivaux m'apparaissent comme les jeunes sœurs de celles que Racine a créées si gracieuses et si pures, si tendres et si chastes, chœur antique d'amantes chrétiennes, une Junie, une Bérénice, une Monime, types fiers et doux de la vertu aimante. Sans s'élever à de telles hauteurs, les jeunes filles de Marivaux ne sont pas indignes de cette parenté que j'ai signalée. L'amour dans leur cœur, sur leurs lèvres, est toujours « l'amour ingénu, » épuré dans ses vues, délicat dans son expression, couronné par la sainteté du mariage. Chez Marivaux, on ne voit jamais, comme chez presque tous les auteurs comiques des deux derniers siècles, l'autorité paternelle bafouée, et à tout propos les enlèvements, les rébellions du caprice contre le devoir. La famille y reste intacte et respectée, et ce n'est pas un des moindres titres de gloire de notre héros que de nous avoir fait assister tant de fois à la naissance des inclinations dans de jeunes cœurs, sans porter à la morale la plus légère atteinte, sans que l'amour fût autre chose qu'un prélude inoffensif à un heureux mariage, que les fiançailles ingénieuses de deux cœurs qui se choisiront pour la vie et pour l'éternité !

L'apparition de l'amour dans une âme généreuse et pure, les résistances à ses envahissements insensibles produites par des sentiments ou par des intérêts opposés, le triomphe définitif de la passion conciliée avec le devoir, tel est le fond des principales œuvres du maître. Les combats du cœur sont encadrés dans les actions les plus riantes. Indiquons quelques-uns de ces canevas aussi légers, aussi mignons que tous ces enchantements des yeux où se complaisait le dix-huitième siècle, trumeaux, dessus de portes, camaïeux, art frêle et délicat des pastels !

Prenons d'abord, par ordre de date, *les Serments indiscrets*. Deux jeunes gens, Lucile et Damis, sont promis l'un à l'autre par leurs parents; et l'un et l'autre sans se connaître ont une répugnance irréfléchie pour le mariage, un effroi juvénile et divertissant. Ils se rencontrent donc dans ces dispositions d'enfantines alarmes, se croyant forts de leur double serment. Mais bientôt, entre Lucile et Damis, naît un attrait mutuel, conforme aux vœux de leur famille, et les serments indiscrets se changent en serments plus raisonnables.

Le Préjugé vaincu met en scène une jeune fille noble et pauvre, recherchée à son insu par un homme riche, de haute bourgeoisie, lié intimement à son père qu'il a maintes fois obligé. Angélique a le cœur excellent, la plus vive tendresse filiale, mille qualités, un seul défaut, un entêtement excessif de son rang et de sa naissance. Dorante, bien qu'appuyé par le marquis, père d'Angélique, n'ose pas s'ouvrir en son nom à la jeune fille; il lui fait sa propre demande au nom d'un de ses amis. Quand Angélique connaît qu'il s'agit d'un bourgeois, tout son orgueil proteste. En présence de son père, elle apprend tout à coup qu'elle a refusé Dorante sans le savoir, et demeure interdite, mais n'osant encore se dédire. Tout l'intérêt de la pièce repose sur les combats qui se livrent dans ce cœur contre l'orgueil qui cède peu à peu au sentiment des belles qualités de Dorante.

Jugez à quelles gradations savantes donne lieu ce retour d'Angélique, qui, d'une altière personne, redevient lentement une simple et soumise jeune fille.

La Surprise de l'amour est la contre-partie des *Serments indiscrets*. Ce n'est plus un jeune homme et une jeune fille inexpérimentés, c'est un homme du monde désabusé par la trahison d'une coquette, c'est une veuve qui se croit inconsolable, et qui tous deux ont juré renoncement et guerre au mariage. Leur serment est aussi indiscret que celui de tout à l'heure, et le sentiment et la raison les forcent insensiblement à se parjurer devant notaire. Leur farouche et éphémère résolution nous a valu du moins de spirituelles boutades.

Dans *l'Épreuve*, un gentilhomme de campagne a dirigé ses vues sur une jeune personne demi-bourgeoise, demi-villageoise. Seulement, il veut être agréé pour lui-même et non pour son immense fortune. Il met à l'épreuve la délicatesse de la jeune fille en lui offrant successivement deux partis avantageux, mais indignes d'elle par la médiocrité de leur éducation. Angélique se montre inaccessible à ces tentations de l'argent. L'épreuve est accomplie. Cette pièce respire une naïveté délicieuse! Angélique semble une Psyché de village, une Chloé qui s'ignore et qui ne cherche pas Daphnis.

Les Fausses Confidences nous exposent une situation plus complexe. Elles offrent quelque analogie avec une des œuvres les plus applaudies d'un heureux imitateur de Marivaux, M. Octave Feuillet. Un jeune homme pauvre s'est épris d'une jeune veuve riche : la fortune le sépare d'Araminte. Mais un penchant irrésistible l'entraîne vers elle. Pour se rapprocher de cette idole qu'il contemple avec une discrète ferveur, il entre dans la maison d'Araminte en qualité d'intendant. Le voilà en face de cette femme aimée, timide et tremblant. Mais un de ses anciens valets est attaché au service de la belle veuve. C'est ce Dubois qui prépare le succès de Dorante par des révélations habilement ménagées. Araminte ne se courrouce pas de tant de fidélité respectueuse. Bientôt même elle arrive à défendre le jeune homme accusé par toutes les voix, et, à force de le justifier, elle l'approuve et récompense par le don de sa main la délicatesse de son stratagème et la franchise de ses aveux.

J'arrive enfin au chef-d'œuvre de Marivaux, au *Jeu de l'Amour et du Hasard*. L'auteur y a mis toute sa vérité accoutumée, et je ne sais quel air de roman qui n'altère pas cette vérité. Silvia et Dorante sont mutuellement fiancés par leurs pères, et, comme ils ne se connaissent pas, il leur est venu en même temps l'idée de s'observer sous un déguisement. Dorante prendra la livrée de son valet, Silvia les ajustements de sa soubrette. La sympathie produit son miracle. Dorante, sous les habits d'un laquais, par l'élévation de ses idées et de son langage, inspire à Silvia un intérêt dont Silvia se défend, mais dont elle ne peut se garantir. D'autre part, Silvia, sous le bavolet d'une soubrette, frappe Dorante d'un étonnement qui se change en irrésistible amour, si bien que Silvia est toute confuse et toute troublée des sentiments qui s'émeuvent en elle, tandis que Dorante se sent résolu à épouser celle qu'il croit Lisette. Par une suprême habileté, Marivaux a placé au deuxième acte la révélation du nom de Dorante; il ne fallait pas que Silvia pût trop longtemps se croire attirée vers un valet. Cette émotion se serait changée pour elle en obsession. Dorante, au contraire, doit jusqu'au dénouement persister dans une illusion qui atteste la sincérité de son penchant. Ce dénouement révèle tout, et ces fiancés, ces époux de demain ne seront que plus heureux de s'être choisis en toute liberté, selon la mystérieuse et douce impulsion de leur cœur. Un souvenir un peu romanesque ne gâte pas des félicités plus calmes et plus placides. Aucun sujet ne prêtait davantage à cette analyse où Marivaux triomphe. Cette surprise sincère de deux jeunes âmes s'exprime par les traits les plus heureux, les plus naturels. Qu'on relise la scène où Dorante se fait connaître à Silvia!

Les voilà, ces comédies trop peu lues, et qui ne seront jamais assez admirées, tant elles contiennent de scènes ingénieuses, d'idées fines, de mots qui vibrent dans le cœur. Pas une de ces pièces qui ne fasse honneur à la nature féminine.

Cette Lucile, cette Angélique, cette Araminte, cette Silvia, la bonne grâce les illumine, la pudeur les couronne, le charme les enveloppe tout entières. Il se mêle pourtant à toutes ces qualités raciniennes un grain de romanesque, un petit air intermittent de fantaisie séduisante qui les fait ressembler parfois à d'autres héroïnes, à ces jeunes filles aventureuses et chastes de Shakspeare, types fidèles de ces *miss* anglaises et américaines exercées à chercher des fiancés, savantes au manége innocent de la *flirtation*. Cela est bien loin des mœurs françaises. Hâtons-nous de dire que ce sont les veuves qui chez Marivaux offrent ce point de contact avec la Rosaline et la Béatrice du poëte anglais. Par exemple, dans *la Fausse Suivante*, cette veuve qui se costume en soubrette comme Silvia pour éprouver son prétendu est assez proche parente de celles qui traversent follement déguisées l'imbroglio du *Marchand de Venise*, des *Deux Gentilshommes de Vérone* et de *Comme il vous plaira*.

Ce que les héroïnes de Marivaux ont surtout de commun avec les filles de Shakspeare, c'est un fond de sincérité, d'effusion naïve, de

franchise enfantine que vous ne trouverez pas chez Monime et chez
Junie ; elles ont à la fois toute la mesure, toute la réserve française et
cette expansive bonté des jeunes Anglaises. Les héroïnes de Marivaux
semblent tenir à la fois de Shakspeare et de Racine ; elles n'ont pas
seulement sur les lèvres, selon l'expression d'André Chénier, ce miel
des délicatesses que Racine nous ménage ; elles ont aussi ce « lait de
la douceur humaine » dont nous a parlé Shakspeare, et qui dans Marivaux coule à flots argentés.

Les héros sont un peu sacrifiés aux héroïnes. Cela ne nous étonne
pas. Marivaux est surtout un peintre de femmes, comme les grands
portraitistes de son temps. Seulement Largillière et Latour savaient
au besoin dessiner avec fermeté une tête virile. Je crois qu'il en est
de même de Marivaux. Dans les pièces que nous avons passées en
revue, que de types différents ! Le Lelio de *la Surprise de l'amour*
est un courtisan un peu sceptique à demi découragé ; le *Lucindor* de
l'Épreuve est un homme mûri par l'expérience, que l'expérience a
rendu défiant et discret ; les trois Dorante du *Préjugé vaincu*, des
Fausses Confidences et du *Jeu de l'Amour et du Hasard* ne se ressemblent que par la conformité du nom : le premier s'annonce
comme un homme sage et timide ; le second comme un enthousiaste
scrupuleux ; le troisième comme un être aventureux et passionné.
Tous sont de galants hommes, pleins de respect pour la personne
aimée, incapables d'action basse et de pensée mauvaise ; tous dans
l'amoureux accompli font pressentir le mari excellent.

Ces héros donc, qui ont en partage le bon sens, la probité, la
réserve, seraient bien étonnés s'ils savaient les rapprochements qu'on
leur a fait subir. Combien de fois les a-t-on, trop à la légère, comparés à des personnages plus modernes, par exemple aux amoureux
d'Alfred de Musset ! Ne rapprochons pas inconsidérément Musset de
Marivaux. Certes, notre illustre contemporain a profité à l'école du
vieux maître ; mais il est beaucoup plus le disciple de Shakspeare ; il
est surtout le disciple de son siècle et de son cœur. Là où Marivaux
peint des jeunes hommes soumis à toutes les convenances, inclinés
devant la famille et le devoir, plus respectueux à mesure qu'ils sont
plus aimants, Musset a multiplié les images de son étrange nature
dans des types qui n'ont rien de viril, à moitié adolescents, à moitié
féminins. Ce type préféré de Musset, son héros est un être complexe,
nerveux et fébrile, mystique et sceptique, mélangé de grand seigneur
byronien, de poëte lyrique, d'étudiant moqueur, de dandy et de
bohême ; ouvert à tous les blasphèmes, à tous les repentirs, à toutes
les excitations de l'ivresse, à toutes les nostalgies de la foi et de la

beauté; toujours le même sous des formes diverses en apparence, un roué avec des aspirations extatiques, qu'il s'appelle Fortunio ou Octave, Celio ou Valentin. Les héros de Marivaux aiment dans la plénitude de leur santé et de leur raison, dans l'atmosphère de la famille, dans les limites de la société ; les héros de Musset aiment au milieu de la fièvre, du vertige, des exaltations et des prostrations, en dehors de la société et de la famille, sympathiques et redoutables, pervers et douloureux, dignes de tous les blâmes de la raison et de toutes les indulgences de la pitié. Ils souffrent et font souffrir. Leur justification complète est impossible ; leur double excuse, toujours puissante à nos yeux, s'appelle le malheur et le génie !

Si de cette œuvre tourmentée nous revenons à l'œuvre saine et calme de Marivaux, nous sommes frappés d'un caractère général de quiétude, d'apaisement, de joie qui s'étend même aux personnages secondaires. Tous semblent posséder le don ou le secret du bonheur. Tous, sauf quelques personnages ridicules, sont aussi sympathiques et aussi intéressants dans leur sphère que les convenances scéniques peuvent le permettre. Vous ne rencontrerez pas chez Marivaux de ces Gérontes avares, entêtés, grondeurs, images dérisoires de la vieillesse et de la paternité. A part une ou deux exceptions, les mères et les pères surtout nous apparaissent bienveillants, sensés, et surtout intelligents des goûts et des penchants du jeune âge. Leur expérience fait leur mansuétude. « O la douce chose, » dit Ménandre, « qu'un père jeune et d'un esprit indulgent ! » Ce vœu de Ménandre répond à merveille aux personnages de Marivaux. Jamais la vieillesse n'a été plus *jeune* dans le noble sens de ce mot. J'en atteste Mme Argante dans la *Mère confidente*, le marquis du *Préjugé vaincu*, et M. Orgon dans le *Jeu de l'Amour et du Hasard*, natures achevées, excellentes : car la meilleure et la plus persuasive des sagesses, c'est la sagesse souriante.

Il n'est pas jusqu'à ses valets et à ses soubrettes qui n'attestent quelques-uns des beaux côtés de la nature humaine. Marivaux s'appliquait tellement à mettre le signe de l'idéal sur toutes ses créations qu'il en éliminait tous les objets disgracieux. L'action, presque toujours, se passe entre honnêtes gens. Nous voyons aujourd'hui l'excès contraire. La vérité n'est ni d'un côté ni de l'autre. Le grand jeu du monde est mêlé de bonnes et de mauvaises natures et surtout de natures indifférentes ; cependant ne nous arrive-t-il pas de vivre dans de certains milieux uniquement formés d'honnêtes gens ? Est-il invraisemblable de reproduire sur la scène ces assemblages d'heureux naturels que nous offre la réalité ? Marivaux s'est donc plu à mettre auprès de ses jeunes hommes, de ses jeunes filles, des valets fidèles, dévoués, honnêtes enfin. A peine s'est-il glissé quelques laquais taillés sur l'ancien patron. L'originalité recommande cette rupture avec la tradition. Il ne veut plus de ces fourbes légués par le théâtre antique, de ces Daves modernes, Scapin, Mascarille, Sbrigani, dignes d'achever leurs exploits sur les galères; de ces Frosine ou de ces Nérine, femmes d'intrigue et promptes à tous les douteux métiers.

Les suivantes dans Marivaux sont généralement de très-jeunes filles, élevées avec leurs maîtresses, d'une naissance souvent supérieure à leur condition et de sentiments plus relevés que leur état. Telles la Lisette de *l'Héritier de Village*, la Flaminia de *la Double Inconstance* et surtout la Marton des *Fausses Confidences*. A de pareilles soubrettes il fallait trouver des valets qui ne fussent pas trop indignes d'elles. La comédie italienne a fourni ces valets à Marivaux. Le talent unique, la spécialité d'un acteur célèbre, lui ont peut-être suggéré le type qu'il adopta et qu'il maintint constamment. Le fameux Dominique avait rendu populaire le personnage d'Arlequin. Marivaux l'adopta, et sous ce nom, sous ce masque, représenta la finesse aimante et naïve. Nous sommes bien loin de l'Arlequin moderne, devenu le jeune premier de la pantomime, volage, vagabond, conquérant des cœurs, Don Juan des Funambules. Non! l'Arlequin de Marivaux est tout simplement un brave garçon, pétillant d'esprit naturel, dévoué à son maître, très-sincère et très-épris, et destiné à faire de Lisette ou de Flaminia la plus heureuse des soubrettes. Remarquez le progrès des idées et la marche de l'esprit humain ; voyez la condition du serviteur adoucie, sa nature relevée par l'auteur comique. Vienne le dix-neuvième siècle, et l'aptitude égale des âmes à la vertu, malgré l'inégalité des destinées, sera franchement affirmée par le poëte. Arlequin vaut mieux que Mascarille ; Marton vaut mieux que la Lisette de Regnard ; mais de Marton et d'Arlequin quelle distance à cette servante héroïque que Lamartine appellera Geneviève, à ce valet sublime que Victor Hugo nommera Ruy-Blas !

C'est vraiment un délicieux spectacle que nous a donné Marivaux : tant de gens de bien, de douces et de bonnes créatures, réunis par son art bienfaisant comme autant d'images attrayantes de l'honnêteté et de la vertu ; et cela sans fadeur ou sans emphase, sans intentions prêcheuses ou sans lâches complaisances ! Nous n'avons affaire ni à un Berquin, ni à un Bouilly. La pire de toutes les hypocrisies est l'hypocrisie littéraire, et Marivaux en était exempt. Il inventa, écrivit en toute sincérité, exprimant ses types d'après ses penchants, et choisissant dans la réalité selon les préférences de son esprit et de son cœur. Il était naturellement bon. De là l'impression générale qui résulte de toutes ses pièces, une impression douce et suave. Le parfum, disons mieux, l'âme de cette œuvre charmante, c'est la bonté. La bonté! quelle lumière dans l'esprit d'un poëte! Comme à cette lueur caressante il voit avec indulgence, avec pitié, avec justice les ressorts qui font mouvoir nos passions; comme il discerne plus sûrement ce reflet divin que les faiblesses humaines ne peuvent jamais absolument effacer! Comme à travers la réalité il sait apercevoir l'idéal! C'est la bonté du poëte qui crée les types nobles, les figures héroïques ou chastes, les personnages qui font aimer la nature humaine, qui font croire à la vertu. La bonté est la digne auxiliaire du génie, et, malgré l'évidence de ce fait, je regrette qu'il y ait de grands génies moqueurs, misanthropes, cruels. J'aimerais mieux, vous aimeriez mieux, selon l'expression de la Fontaine :

Que le Bon fût toujours camarade du Beau.

Cependant cette disposition bienveillante ne devrait pas se changer en un optimisme imprévoyant. Le poëte doit à la vérité de ne pas perdre de vue la sottise, l'erreur et le vice. Une peinture trop flatteuse du monde équivaudrait à une demi-complicité avec le mal. Tous les excès, toutes les crudités du réalisme seraient mille fois préférables à un idéalisme factice et mensonger. Il n'en est pas ainsi de Marivaux. Il a su démêler les travers et les abus de son temps, et quelques-unes de ses pièces, l'*Ile des Esclaves* surtout, indiquent des tendances critiques et philosophiques d'une rare sagacité. Certaines pages à l'adresse de l'orgueil nobiliaire et des servilités de cour annoncent la polémique du dix-huitième siècle en risquant des idées alors fort audacieuses et qui sont passées dans nos mœurs et dans nos codes. N'allons pas faire cependant de Marivaux un lutteur anticipé de l'Encyclopédie; il n'a rien des grandes et utiles audaces de Montesquieu, de Voltaire, de Diderot, de Condorcet. Non, Marivaux appartient à une époque de transition : c'est un demi-philosophe, au sourire discret, à l'épigramme courtoise, à la réticence maligne, quelque chose comme un assaillant d'avant-poste précédant les vrais combattants. Ainsi que les hommes de son temps et de son groupe, Duclos, Fontenelle, il ne fit que préluder par des escarmouches à la guerre qui allait commencer.

Un optimiste sans illusion et sans faiblesse, un idéaliste toujours en quête de la réalité, tel fut l'écrivain exquis, le poëte de la prose dont je vous ai entretenu. En résumé, c'était un homme de bien habile à charmer les âmes, abondamment doué, comme ses séduisants personnages, des dons les plus opposés, mariant la raison à la fantaisie, la folie charmante de l'imagination au bon sens le plus exquis, le goût le plus vif de la passion au zèle le plus délicat de la morale. Il nous a fait ainsi un théâtre unique dans l'histoire littéraire, un théâtre enchanté dont les personnages capricieux et naturels, émus et raffinés, semblent des types de Watteau achevés par Greuze. C'est avec la douce vision d'un charmeur incomparable, aussi tendre que sage, que je me sépare de cet aimable maître qui a tant de titres à notre affection, et parmi tous ces titres un auquel nous devons un dernier hommage. C'est d'avoir plus que tout autre écrivain témoigné dans ses créations ces deux vertus littéraires : le respect de la jeune fille, l'intelligence et le culte de la femme.

www.ingramcontent.com/pod-product-compliance
Lightning Source LLC
Chambersburg PA
CBHW070434080426
42450CB00031B/2411